Emotionales Essen überwinden und Heißhunger stoppen

Verstehen Sie die Ursachen von Essanfällen und Heißhungerattacken, bekämpfen Sie erfolgreich Essstörungen wie Binge-Eating, Bulimie, Adipositas oder Übergewicht und finden Sie Schritt für Schritt zu Ihrem persönlichen Wunschgewicht und mehr Gesundheit

Mario Waldecker

INHALT

Das erwartet Sie in diesem Buch

Essen und Gefühle – Sie fragen sich jetzt vielleicht, wo denn da der Zusammenhang besteht. Es mag nicht für jeden sofort ersichtlich sein, doch für viele Menschen stehen Emotionen in enger Verbindung mit ihrem Essverhalten. Ob bewusst oder unbewusst, regelmäßiges, emotionales Essen führt oft zu einem hohen Leidensdruck bei Betroffenen. Emotionales Essen äußert sich meist in Form von Frust- oder Stressessen – es wird also mit dem Essen ein negatives Gefühl kompensiert. Eine starke Gewichtszunahme und Essstörungen können die Folge

1

sein, weshalb emotionales Essen nicht unterschätzt werden sollte.

Sie stellen bei sich selbst oder bei einem Angehörigen Anzeichen für emotionales Essen fest? Dann sind Sie hier genau richtig. In diesem Ratgeber soll es zunächst darum gehen, über die Thematik des emotionalen Essens zu informieren und aufzuklären, denn Erkenntnis ist essenziell für Veränderung. Außerdem erfahren Sie hier, was Sie selbst von zu Hause aus tun können, wenn Sie von emotionalem Essen betroffen sind und Ihr Essverhalten verändern möchten. Sie lernen so, die Zusammenhänge zwischen Ihrem Körper und Ihrer Psyche zu verstehen, und Sie erlangen einen neuen Blickwinkel auf Ihre Essgewohnheiten. Ob Sie selbst betroffen sind oder ein Angehöriger, ob Sie an unkontrollierbaren Essattacken leiden oder eher dazu neigen, zu wenig zu essen – hier lernen Sie, Ihr Essverhalten einzuschätzen und damit umzugehen. Lesen Sie also weiter und gehen Sie den ersten Schritt in Richtung Veränderung.

Was ist emotionales Essen?

EINE ERKLÄRUNG

Essen und Emotionen – zwei Begriffe, die zunächst scheinbar nichts miteinander zu tun haben, doch für viele Menschen sind diese vermeintlich voneinander unabhängigen Dinge eng miteinander verwoben. Traurigkeit, Stress, Wut – nicht selten im Leben sehen wir uns mit derartigen negativen Emotionen konfrontiert und um diese besser in den Griff zu bekommen, greifen viele Menschen regelmäßig auf emotionales Essen zurück. Teilweise bewusst und teilweise ganz automatisch aus einer tief verankerten Gewohnheit heraus wird versucht, den Gemütszustand mit der Aufnahme von Nahrung zu verbessern. Ein Streit mit dem Partner oder der Partnerin und man tröstet sich mit einer Tafel Schokolade, ein stressiger Arbeitstag mit unfreundlichen Kollegen und zum Ausgleich gibt es am Abend eine Pizza. Wer kennt es nicht?

Emotionales Essen bedeutete also, dass mit der Aufnahme von Lebensmitteln eine negative Emotion kompensiert wird. Man sucht Hilfe und Trost in der Nahrungsaufnahme, sodass das Essen zu einer Form von Selbsttherapie wird. In diesem Fall dient Essen also nicht ausschließlich als Energiezufuhr für den Körper, sondern vielmehr als Emotionsstimulierung. Emotionales Essen meint allerdings nicht nur das Phänomen des sogenannten *Frustessens*, also nach dem Prinzip „*Es geht mir schlecht, dann möchte ich als Trost wenigstens etwas leckeres Essen*", sondern Emotionen und Essen können auch positiv miteinander verknüpft sein. In diesem Fall weiß man, *wenn ich dieses oder jenes Lebensmittel zu mir nehme, geht es mir gut.* Oftmals geschieht emotionales Essen völlig unabhängig vom eigentlichen Hunger- beziehungsweise Sättigungsgefühl, sodass auch Nahrung aufgenommen wird, wenn der Körper für den Moment eigentlich ausreichend mit Nährstoffen versorgt ist. Die natürlichen Signale des Körpers werden hier also gezielt ignoriert oder

4

schlichtweg nicht wahrgenommen und der biologische Rhythmus wird so gestört. In den meisten Fällen wird dann besonders kalorienreiche Nahrung in Form von Snacks zwischen den Hauptmahlzeiten zu sich genommen. Das liegt daran, dass die hohe Energiedichte dieser Lebensmittel zu einem sehr intensiven Geschmack im Mund führt. Dieser Reiz übertüncht dann für eine Zeit lang das unangenehme Gefühl und man meint, sich besser zu fühlen. Dies ist einer der Hauptfaktoren für die stimulierende Wirkung von Schokolade in Stressmomenten.

Es gibt bisher keine offizielle Definition für emotionales Essen und das Phänomen ist nicht als Krankheitsbild einer psychischen Störung anerkannt. Jedoch kann emotionales Essen sowohl die physische als auch die psychische Gesundheit gefährden. In extremen Fällen kann es zu starker Gewichtszunahme und Essstörungen führen.

WIE IST DAS PHÄNOMEN ENTSTANDEN?

Viele Menschen kompensieren eine emotionale Dysbalance mit der Aufnahme von Nahrung. Das liegt daran, dass die meisten Personen mit Essen etwas Positives und Belohnendes verknüpfen. Der Ursprung dafür liegt weit zurück und beginnt bereits im Säuglingsalter. Wenn ein Baby schreit, kommt es an die Brust und wird gestillt. Dabei wird es liebevoll im Arm gehalten und bekommt so auch noch körperliche Nähe. Dieses Zusammenspiel führt zu einem Gefühl von Wohligkeit und Geborgenheit, wodurch unser Körper Glückshormone ausschüttet. Hinzukommend sind bereits in der Muttermilch Mehrfachzucker enthalten.

Daher verbindet schon ein Säugling den süßen, zuckrigen Geschmack mit etwas Schönem. Schon da entsteht die erste positive Assoziation mit dem Thema Essen. Weiter ist es so, dass Kinder oftmals mit einer Süßigkeit belohnt werden, beziehungsweise mit dem Verzicht auf ein bestimmtes Nahrungsmittel bestraft werden. So bekommen viele Kinder für besonders braves Verhalten einen Lutscher oder sie bekommen nur eine Nachspeise, wenn sie den Teller leergegessen haben.

Ein weiteres klassisches Muster ist, dass Eltern ihr Kind kurzfristig beruhigen, indem sie ihm etwas zu essen geben. Andersherum bekommen Kinder keinen Nachtisch, wenn sie etwas angestellt haben oder eben nicht aufessen. Unser Essverhalten ist also von einer Vielzahl an individuell variierenden Lernerfahrungen geprägt und hat meist tiefe Wurzeln in unserem Unterbewusstsein. Die einzelnen Denkmuster und Lernprozesse sind zwar von Person zu Person unterschiedlich, jedoch haben sie einen Faktor gemeinsam: die Verbindung von Emotion und Essen.

Nahrungsaufnahme im Kontext bestimmter Gefühle ist kein neues Bild. Schon Anfang des 20. Jahrhunderts wurde die Thematik des emotionalen Essens nachweislich in wissenschaftlicher und psychiatrischer Literatur diskutiert. Stress scheint schon immer der Auslöser Nummer Eins zu sein für Essen entgegen dem Hungergefühl. In unserer heutigen Gesellschaft ist gestresst zu sein meist negativ konnotiert. Doch Stressempfinden als solches ist ein Mechanismus, der sich im Laufe der Evolution entwickelt hat und der essenziell für das Überleben war. Ist man gestresst, wird das sogenannte Stresshormon Cortisol ausgeschüttet. Dieses führt dazu, dass die Bereiche des Gehirns, welche für das bewusste Handeln verantwortlich sind, blockiert werden. Somit agiert vordergründig das Stammhirn, welches impulsiv und instinktiv handelt. Beispielsweise war so der reflexartige Fluchtinstinkt nicht von zeitintensiven abwägenden Gedanken blockiert und man konnte sich schneller vor einer Gefahr, wie etwa einem Tier oder einem Angreifer, in Sicherheit bringen. Stress hat uns also das Überleben gesichert.

Zwar werden wir heute nicht mehr von wilden Tieren gejagt – Stress empfinden wir jedoch noch immer, nur in einer abgewandelten Form. Stresssituationen können beispielsweise ausgelöst werden durch Zeitdruck, Leistungsdruck oder Beziehungsprobleme. Die Auslöser für das Empfinden von Stress haben sich verändert, nicht jedoch die Wirkung, die Stress auf uns Menschen hat. Nach wie vor werden einige Teile des Gehirns blockiert und das Stammhirn hat die Oberhand, also neigt man unter Stress zu Instinkt-gesteuerten Handlungen. Zudem führt das Blockieren der entsprechenden Hirnareale dazu, dass das Wahrnehmungsvermögen gewisser Empfindungen gesenkt wird – darunter Hunger und Sättigung. Ist man also gestresst, ist man automatisch auch eher Instinkt-gesteuert und greift dann ohne viel nachzudenken auf das emotionale Essen zurück, um sich vermeintlich besser zu fühlen. Vor diesem Hintergrund nimmt man beispielsweise während der Prüfungsphase meist mehr hochkalorische Snacks, wie Chips, Schokolade oder Gummibärchen, zu sich. Ein weiteres Beispiel ist die knappe Mittagspause, eingeschoben zwischen zwei Terminen, während welcher man dann einen fettigen Burger oder ähnliches Take-away isst, weil man zu gestresst für ein gesundes Mittagessen ist. In diesen Fällen wird also nicht ausschließlich oder gar nicht aus einem Hungergefühl heraus gegessen, sondern weil der eigene Körper einem Gefahr signalisiert und die bedrohliche Situation gut überstehen möchte.

Ein weiterer Aspekt ist das Essen aus Langeweile. Zwar empfindet man in diesem Fall nicht direkt eine negative Emotion, wie Angst, Frust oder Wut, jedoch kann auch ein Gefühl von Langeweile zu einer Art Stressempfinden führen. Einhergehend mit Langeweile fühlen viele Menschen eine gewisse Leere in sich. Dieses Gefühl ist in der Regel negativ besetzt, sodass man diese Leere gern füllen möchte. In diesem Zusammenhang greift man häufig auf die Nahrungsaufnahme zurück.

HINTERGRÜNDE FÜR EMOTIONALES ESSVERHALTEN

Physischer Hunger lässt sich mit Nahrungsaufnahme stillen, nicht jedoch der „emotionale" Hunger, der sich hinter emotionalem Essen verbirgt. Emotionales Essen dient als eine Art Ersatzbefriedigung und Kompensationsstrategie. Ein tieferliegendes Problem führt dazu, dass man gestresst ist, doch das eigentliche Problem möchte man sich nur ungern anschauen. Somit greift man zur kurzfristigen Lösung und möchte mithilfe von Essen dafür sorgen, dass man sich auf emotionaler Ebene besser fühlt. Die aufkommende negative Emotion wird nicht ausgesprochen, sondern „heruntergeschluckt", da man die Auseinandersetzung mit dem in der Regel schwierigen Thema fürchtet. Häufig findet dieser Prozess auf unbewusster Ebene statt.

„Ich hatte Angst [davor], weil ich wusste, dass es da einen Bereich gibt, an dem ich alles, was ich nicht fühlen wollte, vermeintlich sicher weggepackt hatte", sagt Sigrid Lewandowski, die jahrelang mit Übergewicht und Essattacken zu kämpfen hatte. Sie bestätigt, dass Essen für sie als eine Art Medikament diente, wenn es ihr schlecht ging. „Ich habe gegessen, um mich dumpf zu machen, um mich nicht fühlen zu müssen", so Lewandowski. „Ich hatte mir einen Schutzpanzer angegessen, niemand sollte mir zu nahe kommen [...]".

Maria Sanchez ist Heilpraktikerin für Psychotherapie und setzt sich gezielt mit dem Thema emotionales Essen und Essstörungen auseinander. „Die Ursachen der zugrunde liegenden Emotionen schlummern in den Tiefen unserer Biografie", erklärt sie. Emotionale Mängel der Betroffenen entstehen meist schon in der Kindheit und werden auch in ganz jungen Jahren schon mit Essen gestillt. So setzt sich dieses Muster der zwanghaften Nahrungsaufnahme, um unangenehme Emotionen zu betäuben, bereits sehr früh fest.

Diese tief verankerten Denkmuster führen oft dazu, dass sich die Betroffenen in einer Art Teufelskreis wiederfinden, aus dem es scheinbar kein Entkommen gibt und wodurch dann immer wieder neue negative Denkmuster im Zusammenhang mit Essen erlernt werden. Viele Menschen, die unter wiederkehrenden Essanfällen leiden, nehmen mit der Zeit an Körpergewicht zu und versuchen dann, dieses Gewicht mithilfe diverser Diäten wieder loszuwerden. Damit einher geht das Denkmuster *„Um schlank zu sein und abzunehmen, muss ich mich unter Kontrolle haben"*. Da emotionales Essen in diesem Fall mit unkontrollierten Essattacken einhergeht, entsteht hier schon der erste

11

Widerspruch und der Kampf gegen sich selbst. Aufgrund negativer Emotionen werden entgegen dem Hungergefühl und außerhalb der regelmäßigen Mahlzeiten hochkalorische Lebensmittel verspeist. Im Anschluss daran wirft sich die betroffene Person selbst vor, sich dem Verlangen hingegeben zu haben und nicht über ausreichend Disziplin zu verfügen. Diese negative Selbstkritik schädigt auf die Dauer das Selbstbewusstsein und Selbstwertgefühl und kommt zu den bereits vorhandenen negativen Emotionen noch hinzu. Infolgedessen neigt die betroffene Person dann noch eher dazu, den Frust und Stress mit Essen zu kompensieren. Ein Großteil der Betroffenen schildert diesen Ablauf, wenn sie von ihrer Erfahrung mit emotionalem Essen erzählen.

Verschiedene Denkmuster führen also dazu, dass es nahezu unmöglich scheint, das Verhältnis zum Essen zu verändern und so auch das Essverhalten zu steuern. Betroffene haben deshalb meist den Eindruck, die Kontrolle verloren zu haben.

EMOTIONALES ESSEN BEI KINDERN UND JUGENDLICHEN

Laut einer Studie der Universität Michigan beginnt emotionales Essen teilweise bereits im Alter von vier Jahren. Durch stressbedingtes Essen in einem so jungen Alter werden Essstörungen und Übergewicht im späteren Leben begünstigt. Die Studie zeigte, dass das Essen ohne Hunger auch bei Kindern in direktem Zusammenhang mit erhöhter Stressbelastung steht. Dieser Stress entsteht in Form einer chaotischen häuslichen Umgebung und negativen Erfahrungen wie Gewalt oder Armut, die zu frühkindlichen Traumata führen. Die Forscher befragten im Rahmen der Studie von 2009 bis 2015 circa 200 Kinder aus eher unvermögenden Familien. Sie analysierten die Stressbelastung und das Essverhalten der Kinder.

Das Ergebnis zeigte, dass Kinder aus einkommensschwachen Verhältnissen eher dazu tendieren, Gewalt in ihrer direkten Umgebung oder einen Mangel an Lebensmitteln zu erfahren. Diese Aspekte haben nachweislich eine Auswirkung auf die Gesundheit und das Verhalten der Kinder – somit auch auf das Essverhalten. „Kinder, die unter mehr Stress litten, aßen auch mehr, ohne Hunger zu haben, wenn sie starke Gefühle hatten, wie ihre Eltern berichteten", sagte Alison Miller, Professorin der University of Michigan. „Es ist wichtig, zu erkennen, ob kleine Kinder essen, um Stress zu bewältigen." Für Eltern ist also essenziell zu unterscheiden, ob ihr Kind aus einem Hungergefühl heraus oder als Kompensationsmethode isst. Miller betont, dass Kinderärzte bei Vorsorgeuntersuchungen ein besonderes Augenmerk darauf legen und auch über Themen wie Ernährung und finanzielle Mittel sprechen sollten.

Nicht jedes Kind, das ein emotionales Essverhalten aufweist, hat automatisch negative Erfahrungen im familiären Umfeld erlitten. Eine Vielzahl essgestörter Jugendlicher kommt aus behüteten und finanziell stabilen Familien und die Ursachen für das auffällige Essverhalten sind nicht immer zu erklären. Es gibt jedoch einige Dinge, auf die Sie als Eltern oder Erziehungsberechtigte schon im frühen Kindesalter achten können, um emotionalem Essen vorzubeugen. Eine ausgewogene und gesunde Ernährung ist dabei unabdingbar. Vor allem mit Zucker sollte gehaushaltet werden. Natürlich ist es legitim, wenn Sie Ihrem Kind ab und zu Süßigkeiten zu essen geben, achten Sie hier aber auf die Rahmenbedingungen, in denen Sie dies tun. Vermeiden Sie es, Ihr Kind mithilfe von Nahrungs-

14

mitteln zu beruhigen oder zu trösten. Damit wird das Denkmuster *„Wenn ich esse, geht es mir besser"* schon in frühkindlichen Jahren gefestigt und das Kind wird im späteren Leben eher zu emotionalem Essverhalten neigen.

Leiden Sie selbst unter emotionalem Essen oder auffälligem Essverhalten, versuchen Sie, dies nicht vor Ihrem Kind zu zeigen. Holen Sie sich rechtzeitig Hilfe, um das Problem in den Griff zu bekommen. Als Eltern haben Sie für Ihre Kinder automatisch eine große Vorbildfunktion. Beobachten Kinder schon in jungen Jahren, dass ein Elternteil viel Aufmerksamkeit auf Essen und Gewicht legt, überträgt sich dies mit hoher Wahrscheinlichkeit auf das Kind. Geben Sie Ihrem Kind in jeglicher Situation das Gefühl, dass es okay ist, so wie es ist. Auch, wenn Sie bereits ein auffälliges Essverhalten beobachten, welches vielleicht mit einer Gewichtszunahme einhergeht, machen Sie Ihrem Kind keinen Vorwurf. Suchen Sie auch bei jungen Kindern das Gespräch und finden Sie heraus, wie Sie am besten helfen können.

In extremen Fällen, wenn Sie den Verdacht haben, dass Ihr Kind an einer Essstörung leidet, oder Sie eine gesundheitliche Gefährdung Ihres Kindes befürchten, sollten Sie professionelle Hilfe zurate ziehen. Wichtig zu beachten ist hierbei, dass Sie als Eltern nicht alles über Ihr Kind wissen und Sie nicht alles kontrollieren können. Sehen Sie hier also von einer Schuldzuweisung ab und suchen Sie den Fehler nicht zwanghaft bei sich. Viele Kinder und Jugendliche verheimlichen im Zusammenhang mit emotionalem Essen gezielt Dinge vor Ihrer Familie und Ihren Freunden. Vor allem im jugendlichen Alter, wenn das Kind zur Schule geht und sich regelmäßig mit Freunden trifft, ist es für Erziehungsberechtigte sehr schwer möglich, das Essverhalten des Kindes zu überblicken. Machen Sie sich also keine Vorwürfe, sondern konzentrieren Sie sich darauf, Ihrem Kind zu helfen und es zu unterstützen.

Essstörungen als Folge von emotionalem Essen

Haben Sie den Eindruck, dass sich Ihr Leben nur noch um Essen dreht und die Nahrungsaufnahme Ihren Alltag bestimmt? Bemerken Sie, dass Sie regelmäßig versuchen, negative Emotionen mit Essen zu kompensieren? Wenn das Nachdenken über Essen und Kalorien zum ständigen Begleiter wird und das alltägliche Leben beeinflusst, kann sich emotionales Essen zu einer Essstörung entwickeln.

Unter einer Essstörung versteht man eine psychische Erkrankung, bei welcher der Umgang mit Essen und das Verhältnis zum eigenen Körper gestört sind. Es gibt verschiedene Formen von Essstörungen, in mehr als der Hälfte der Fälle treten diese jedoch in einer Mischform auf. Eine gewisse Tendenz für die Erkrankung an einer Essstörung kann in einigen Fällen durch eine allgemeine Anfälligkeit für psychische Störungen vorhanden sein. Diese entsteht beispielsweise durch das Vorkommen psychischer Krankheitsbilder in der Familie, Erfahrungen mit sexuellem Missbrauch, anderen Traumata oder durch ein negatives Selbstbild und Übergewicht im Kindesalter.

Hierbei ist zu beachten, dass nicht jede Person, die mal über den Hunger isst oder mithilfe einer Diät Gewicht verliert, essgestört ist. Nicht jeder Mensch mit Symptomen von gestörtem Essverhalten hat automatisch eine Essstörung. Jedoch können auffällige Verhaltensweisen im Zusammenhang mit Essen, gegebenenfalls unter dem Hinzukommen anderer Faktoren, der Grundstein für eine Essstörung sein. Der Übergang von auffälligem Essverhalten und emotionalem Essen hin zu krankhaftem Essverhalten ist oft sehr schleichend und für Betroffene schwer zu bemerken. Wenn Sie also feststellen, dass mit Ihrem Essverhalten etwas nicht stimmt und Sie unverhältnismäßig viel Energie in die Kontrolle Ihrer Essgewohnheiten investieren, beantworten Sie sich selbst die folgenden zwölf Fragen. Je mehr Fragen Sie mit Ja beantworten, desto wahrscheinlicher ist es, dass Sie an einer Essstörung leiden.

Dies dient nicht als Ersatz für eine professionelle Diagnose, sondern lediglich als Hilfsmittel für Sie selbst, um sich an die Thematik heranzutasten.

1. Haben Sie den Eindruck, Ihre Gedanken kreisen ständig um das Thema Essen?

2. Beeinflussen diese Gedanken Ihren Alltag und Ihren Tagesablauf?

3. Vergleichen Sie Ihr Aussehen und Ihren Körper häufig mit anderen?

4. Kontrollieren Sie oft Ihr Gewicht?

5. Zählen Sie Kalorien?

6. Schämen Sie sich für Ihr Essverhalten?

7. Leiden Sie unter wiederkehrenden Essanfällen?

8. Isolieren Sie sich von Ihren sozialen Kontakten?

9. Führen sie Buch darüber, was Sie wann essen und wie viele Kalorien Sie zu sich nehmen?

10. Stellen Sie depressive Züge an sich selbst fest?

11. Stellen Sie einen Zusammenhang zwischen Ihrem

Gemütszustand und der Menge an Nahrungsmitteln, die Sie zu sich nehmen, fest?

12. Haben Sie nach der Nahrungsaufnahme manchmal das Bedürfnis, sich zu übergeben?

Sollte jetzt der Verdacht aufkommen, dass Sie tatsächlich Betroffener einer Essstörung sind, sollten Sie sich Hilfe holen. Viele Menschen unterschätzen die weite Verbreitung von Essstörungen und fühlen sich mit dem Thema allein. Von 1.000 Personen leiden circa 30 bis 50 an einer Essstörung, wobei dies nur die Zahl der offiziell diagnostizierten Fälle ist, die Dunkelziffer liegt also vermutlich weit darüber. Sie sind also keinesfalls allein mit Ihrem Problem, im Gegenteil. Aufgrund der weiten Verbreitung gibt es mittlerweile zahlreiche Möglichkeiten, sich Hilfe zu suchen.

Wenn Sie nicht das Gefühl haben, sich einem Angehörigen anvertrauen zu können, stellt eine passende Selbsthilfegruppe eine gute Alternative dar. Es gibt Selbsthilfegruppen, die auf spezifische Essstörungen, wie Bulimie oder Esssucht, spezialisiert sind, oder Gruppen, in welchen sich allgemein mit dem Thema gestörtes Essverhalten auseinandergesetzt wird. Zudem existieren Gruppen für Angehörige, denn auch für sie kann es schwer und schmerzhaft sein, wenn eine

20

nahestehende Person unter einer Essstörung leidet. Der Vorteil einer Selbsthilfegruppe ist vor allem die Anonymität. Für viele Betroffene ist die Hemmung zu groß, sich mit dem Thema an eine vertraute Person, wie Freunde, Familie oder auch den Hausarzt, zu wenden. In einer Selbsthilfegruppe treffen Sie auf Menschen, die sich in der gleichen oder in einer ähnlichen Situation wie Sie befinden. Unter diesen Voraussetzungen fällt es meist leichter, offen über das Thema zu sprechen und das Schamgefühl bei Seite zu legen. Wichtig ist allerdings zu betonen, dass regelmäßige Besuche einer Selbsthilfegruppe zwar vor, während und nach einer Therapie eine große zusätzliche Hilfe für Patienten sein können, jedoch keinen Ersatz für eine Therapie darstellen.

Leiden Sie akut an einer Essstörung, ist Ihre psychische und physische Gesundheit gefährdet, sodass Sie sich in jedem Fall professionelle Hilfe suchen sollten. Ist das emotionale Essen erst einmal bis zum Krankheitsbild einer Essstörung fortgeschritten, ist es für die Betroffenen nur in seltenen Fällen möglich, allein gegen das Problem anzukommen. Es gibt zahlreiche verschiedene Formen der Therapie, um Essstörungen in den Griff zu bekommen. Wenden Sie sich zunächst am besten an Ihren Hausarzt, welcher Sie dann an einen entsprechenden Spezialisten verweisen wird. Mit diesem können Sie die Therapie individuell auf Sie passend abstimmen.

BINGE-EATING UND BULIMIE

Kommt das emotionale Essen in Form regelmäßiger Essattacken vor, bei welchen enorm hohe Mengen an Nahrung in kurzer Zeit aufgenommen werden, spricht man von der sogenannten Binge-Eating-Störung. Binge-Eating ist ein englischsprachiger Begriff und steht für übermäßiges Essen. Betroffene sind also süchtig nach Essen und hören bei einem Essanfall erst wieder auf, wenn sie Bauschmerzen bekommen oder ihnen schlecht wird.

Dabei haben die Betroffenen das Gefühl, mit dem Essen nicht mehr stoppen zu können und die Kontrolle darüber verloren zu haben, was und wie viel sie essen. Wird die aufgenommene Nahrung im Anschluss an die Essattacke durch künstlich herbeigeführtes Erbrechen wieder abgegeben, spricht man von Bulimie, also der sogenannten Ess-Brech-Sucht. Zudem versuchen Bulimiker, den übermäßigen Konsum von Kalorien durch die Einnahme von Medikamenten oder exzessiven Sport auszugleichen.

Dies ist bei Binge-Eating-Betroffenen in der Regel nicht der Fall. Abgesehen davon sind die Symptome von Binge-Eating und Bulimie aber ähnlich. Binge-Eating ist ein noch sehr junges Krankheitsbild. Seit dem Jahr 1994 ist Binge-Eating als psychische Störung anerkannt und die am häufigsten vorkommende Essstörung. Bulimie dagegen ist bereits seit den frühen 80er-Jahren als Essstörung und damit als psychische Störung bekannt. Meist geht mit den exzessiven Essattacken ein Gefühl von Scham und Schuld einher, weshalb viele Menschen, die an einer Binge-Eating-Störung leiden, nach ihren Essattacken ein Gefühl von Ekel gegenüber sich selbst verspüren.

Das Essverhalten zwischen den Attacken variiert von Fall zu Fall. Manche Menschen neigen auch dann zum übermäßigen Konsum von Nahrungsmitteln und manch andere versuchen, zwischen den Anfällen ihr Essverhalten mithilfe von Diäten zu regulieren. Zudem finden die Essanfälle meist heimlich und nicht in Gesellschaft statt. Somit isolieren sich Betroffene von Binge-Eating oder Bulimie oft immer mehr und vernachlässigen ihre sozialen Kontakte. Auch finanzielle Probleme können durch die immer wiederkehrenden Essattacken ausgelöst werden, da überdurchschnittlich viele Nahrungsmittel eingekauft werden müssen. Der

Großteil der an Ess- beziehungsweise Ess-Brech-Sucht leidenden Menschen weist zudem depressive Symptome auf. Das liegt vordergründig an der Isolation, die bis zu Vereinsamung gehen kann. Vor allem Betroffene von Binge-Eating nehmen wegen der immer wiederkehrenden Essanfälle an Gewicht zu. Dies führt zu einem geringen Selbstbewusstsein und einem verstärkten Schuld- beziehungsweise Schamgefühl.

Grundlegend entsprechen die Hintergründe für Binge-Eating und Bulimie denen des emotionalen Essens, da die Krankheitsbilder eine extreme Form des emotionalen Essens darstellen. Allerdings ist es nicht immer einfach, eine klare Grenze zwischen emotionalem Essen und Binge-Eating beziehungsweise Bulimie zu ziehen. Es gilt hier, klar zu unterscheiden zwischen einer Esssucht und Überessen. Wir leben in einer Konsumgesellschaft, in der das Angebot an Nahrungsmitteln im Überfluss vorhanden ist. Die meisten Menschen haben also schon des Öfteren über den Hunger gegessen, weil es gut geschmeckt hat und noch ausreichend Essen da war. In diesem Fall spricht man von Überessen, wobei hier nicht von einer Essstörung die Rede ist. Der Unterschied zur Esssucht liegt darin, dass Menschen während eines krankhaften Essanfalls keinen Genuss empfinden.

Sie empfinden einen intrinsischen Druck, der sie gegen ihren Willen dazu zwingt, hohe Mengen an Nahrung in kurzer Zeit zu verspeisen. Damit einher geht ein hoher Leidensdruck und die Nahrungsaufnahme erfolgt vermeintlich unfreiwillig. Anstelle von Genuss empfinden die Betroffenen Scham, Ekel und Schuld. Auch Menschen, die allgemein sehr viel Wert auf die Regulierung ihres Körpergewichts legen und regelmäßig versuchen abzunehmen, tendieren häufig zu Essattacken. Diese entstehen als Reaktion auf längere Phasen des Fastens oder der strengen Regulierung von Kalorienzufuhr. Wenn Sie unter wiederkehrenden Essanfällen leiden und sich im Anschluss daran regelmäßig übergeben, ist die Wahrscheinlichkeit hoch, dass Sie an Bulimie erkrankt sind. Künstlich herbeigeführtes Erbrechen ist in keinem Fall ein gesundes Verhalten, weder auf physischer noch auf psychischer Ebene.

Neben dem mentalen Leidensdruck entsteht durch das häufige Erbrechen ein hohes gesundheitliches Risiko für Ihren Körper. Mögliche Folgen sind unter anderem eine Entzündung oder Risse in der Speiseröhre, Magengeschwüre, Verstopfung, Austrocknung und Herzrhythmusstörungen. Erkennen Sie also bei sich selbst Symptome, die auf eine Bulimie-Erkrankung hinweisen, holen Sie sich so schnell wie möglich professionelle Hilfe. Bei der Binge-Eating-Störung fällt eine Selbstdiagnose oftmals schwerer. Wenn Sie sich nicht sicher sind, ob Sie von der Binge-Eating-Störung betroffen sind, können Ihnen folgende Kriterien helfen:

Für die Diagnose Binge-Eating muss eine unkontrollierbare Essattacke mindestens einmal pro Woche innerhalb von drei Monaten vorkommen. Zudem sind die Essanfälle unkontrollierbar und zwanghaft, sodass die betroffene Person im Moment des Anfalls nicht aufhören kann zu essen. Einige Betroffene schildern außerkörperliche Erfahrungen, in welchen Sie sich während einer Essattacke wie von außen betrachten und erkennen können, dass ihr Verhalten krankhaft und ungesund ist. Dennoch fühlen Sie sich gezwungen, mehr Nahrung aufzunehmen und können dem Essen kein Ende setzen. Einige Menschen, die an der Binge-Eating-Störung leiden, berichten von Situationen, in welchen sich die Krankheit in Form einer Stimme äußert, welche sie dazu auffordert, weiterzumachen. Es kommt dann zu einer Art gedanklichen Streitgespräch zwischen „Engelchen & Teufelchen". In nahezu allen Fällen erkennen die Betroffenen also, dass sie sich mit ihrem Verhalten selbst schädigen und dennoch essen sie weiter.

Zudem wird das anfallartige Essen von mindestens drei der hier aufgelisteten Symptome begleitet.

1. Es wird in Isolation ohne Gesellschaft gegessen, da mit der Menge der verspeisten Lebensmittel ein starkes Empfinden von Scham einhergeht.
2. Die Nahrungsmittel werden in deutlich höherer Geschwindigkeit verspeist als normal.
3. Nach dem übermäßigen Essen treten Ekel und Schuldgefühle gegenüber sich selbst auf.
4. Es werden sehr große Mengen an Lebensmitteln verspeist, obwohl kein Hungergefühl vorhanden ist.
5. Es wird so lange gegessen, bis ein unangenehmes Völlegefühl eintritt bis hin zu Bauchschmerzen und Übelkeit.

Die Binge-Eating-Störung sowie auch Bulimie sind psychische Störungen, sodass häufig Symptome einer Depression und Anzeichen für andere Störungen damit einhergehen.

Zwischen 20 und 30 Prozent esssüchtiger oder essbrech-süchtiger Personen haben zusätzlich eine oder mehrere affektive Störungen. Dazu zählen Depression, Manie und die bipolare Störung. Circa 20 Prozent der Betroffenen weisen zudem eine Angststörung auf.

Folgende Symptome sind also häufig Begleiterscheinungen von Binge-Eating und Bulimie:
- Müdigkeit, Trägheit
- Reizbarkeit
- Angst, Panikattacken
- Lustlosigkeit, Apathie
- Schlafstörungen
- Scheinbar grundloses Weinen
- Nachlassendes sexuelles Interesse.

Binge-Eating und Bulimie können zum einen als Mischform auftreten, sodass Betroffene Symptome beider Störungen zeigen, zum anderen können beide Krankheitsbilder auch begleitend im Verlauf anderer Essstörungen, wie beispielsweise Anorexie, auftreten. Binge-Eating liegt in der Mehrzahl der Fälle aber nicht parallel zu anderen Essstörungen vor. In diesen Fällen gehen die Essattacken nicht mit anderen kompensatorischen Verhaltensmustern einher, wie etwa absichtliches Erbrechen oder zwanghafte körperliche Betätigung.

Auch mit dem theoretischen Wissen über emotionales Essen und die Symptome von Binge-Eating und Bulimie kann es teilweise sehr schwerfallen einzuschätzen, ob man nun an einer dieser Störungen oder einer Mischform leidet. Vor allem, wenn man sich selbst in der Situation befindet, fällt es schwer, das eigene Verhalten klar zu beurteilen. Da die Zuziehung einer zweiten Meinung für viele Betroffene ein großer Schritt ist und die meisten Menschen viel Überwindung kostet, haben Sie hier die Möglichkeit, sich selbst an das Thema heranzutasten. Die Aufgabe mag simpel erscheinen, doch kann es für Sie der erste Schritt in eine neue Richtung sein.

Stellen Sie sich also gegebenenfalls zunächst folgende Fragen und beantworten Sie diese ehrlich:

1. Haben Sie regelmäßig Essanfälle und das Gefühl, Sie können nicht aufhören zu essen?

2. Essen Sie während den Anfällen schneller als üblich?

3. Treten die Essanfälle in einem Zeitraum von drei Monaten einmal oder häufiger pro Woche auf?

4. Führen die Anfälle zu Schuldgefühlen?

5. Verspüren Sie manchmal Selbsthass?

6. Hören Sie mit dem Essen auf, wenn ein Sättigungsgefühl eintritt?

7. Sind Sie zufrieden mit sich selbst und Ihrem Körper?

8. Können Sie zwischen Hunger und Appetit unterscheiden?

9. Erbrechen Sie die aufgenommene Nahrung nach den Essattacken wieder?

10. Kompensieren Sie die hohe Kalorienzufuhr mit der Einnahme von Abführmitteln oder exzessiver sportlicher Betätigung?

Wenn Sie die ersten fünf Fragen tendenziell mit Ja und die darauffolgenden Fragen tendenziell mit Nein beantworten, ist die Wahrscheinlichkeit, dass Sie an einer Binge-Eating-Störung leiden, höher. Beantworten Sie zusätzlich auch Frage 9 und 10 mit Ja, leiden Sie mit hoher Wahrscheinlichkeit an Bulimie.

Erkennen Sie sich selbst in den oben aufgeführten Schilderungen wieder und mehrere der genannten Symptome treffen auf Sie zu? Das Ergebnis des Selbsttests spricht eher für die Erkrankung an Binge-Eating? Ist das emotionale Essen schon so weit fortgeschritten, dass es sich zu einer Binge-Eating-Störung oder Ess-Brech-Sucht entwickelt hat, fällt es den meisten Betroffenen sehr schwer, die Situation eigenständig zu verbessern.

Binge-Eating und Bulimie sind weiter verbreitet, als viele annehmen, Sie sind in der Situation also nicht allein. Daher gibt es zahlreiche Anlaufstellen, an welche Sie sich wenden können, die individuelle Möglichkeiten bieten, um Ihnen weiterzuhelfen. Zunächst empfiehlt es sich, zu Ihrem Hausarzt zu gehen, da Sie diesen bereits kennen und ihm ein gewisses Maß an Vertrauen entgegenbringen. Dieser wird Sie zunächst physisch untersuchen, um eventuelle körperliche Ursachen für die Heißhungerattacken auszuschließen. Im Anschluss wird er Sie gegebenenfalls an einen Spezialisten verweisen. Binge-Eating- und Bulimie-Patienten werden je nach Grad der Erkrankung entweder stationär oder ambulant behandelt. Liegen aufgrund der Störung erhebliche körperliche oder psychische Probleme vor, ist ein Klinikaufenthalt zu empfehlen. Es gibt allerdings auch Fälle, in welchen eine ambulante Behandlung ausreichend ist. In beiden Fällen zielt die Therapie darauf ab, die Betroffenen über das Krankheitsbild aufzuklären.

Das eigene Essverhalten als Krankheitsbild zu erkennen und somit die Schuld von sich zu nehmen, ist der erste Schritt. Negative Denkmuster in Bezug auf Essen und den eigenen Körper werden aufgebrochen und verändert. Damit soll das Verhältnis zu sich und seinem Aussehen verbessert und das Selbstwertgefühl gesteigert werden. Im Zuge dessen kommt es darauf an, die Ernährungsgewohnheiten auf ein ausgewogenes Level zu bringen und körperliche Betätigung in den Alltag zu integrieren. So soll der BMI, also der sogenannte Body-Maß-Index, auf ein gesundes und stabiles Niveau gebracht werden. Wenn Sie betroffen sind, scheint es zunächst vielleicht unmöglich, diese Veränderung in Ihr Leben zu bringen. Entscheiden Sie sich aber für eine Therapie, werden Sie Therapeuten und Ernährungsberater an Ihrer Seite haben, die Sie Schritt für Schritt begleiten.

Anka ist 23 Jahre alt und arbeitet als Erzieherin. Drei Jahre lang war sie betroffen von der Binge-Eating-Störung, bis Sie entschied, sich Hilfe zu suchen. Sie wendete sich an ihren Hausarzt, welcher Sie dann an eine Psychologin verwies. Anka begann eine stationäre Therapie, zu welcher Einzel- und Gruppengespräche sowie Tanz- und Maltherapie, Kochstunden und eine Ernährungsberatung gehörten. Anka hat nach eigenen Angaben seit dem Jahr 2018 ein gesundes Verhältnis zum Essen ohne Binge-Eating-Anfälle. Sie bewegt sich gern und viel und macht eine Ausbildung zur Yoga-Lehrerin. Sie sagt selbst, dass es sie einiges an Überwindung gekostet hat, den Schritt zu machen und zu ihrem Hausarzt zu gehen. Auch, was danach kam, war alles andere als einfach, aber dennoch, sagt sie, es war die beste Entscheidung ihres Lebens. Ohne professionelle Hilfe hätte sie ihr Problem nicht in den Griff bekommen, glaubt sie. Um andere Betroffene zu inspirieren und sie auf ihrem Weg zu ermutigen, spricht sie im Rahmen eines Podcasts namens *Mein Leben hat Gewicht* und auf Social Media offen über ihre Vergangenheit mit der Binge-Eating-Störung.

ÜBERGEWICHT UND ADIPOSITAS

Da der Großteil der Personen bei emotional bedingter Nahrungsaufnahme hochkalorische Lebensmittel, die besonders viel Zucker und Fett enthalten, zu sich nimmt, kommt es nach einiger Zeit in vielen Fällen zu einer Gewichtszunahme. Die meisten Betroffenen fühlen sich damit nicht wohl und möchten wieder abnehmen. Das Mittel der Wahl ist dann häufig eine Diät. Es gibt unzählige verschiedene Diäten, doch die wenigsten verhelfen zu einer langfristigen und gesunden Gewichtsreduktion.

Tatsächlich ist das Gegenteil der Fall, sodass die meisten Diäten im Endergebnis dazu führen, dass die Person noch mehr an Gewicht zulegt. Hintergrund hierfür ist der sogenannte *Jo-Jo-Effekt*. Das bedeutet, dass der Körper durch regelmäßige Essanfälle an die Zufuhr von vielen Kalorien gewöhnt ist. Wird die Menge an Kalorien dann plötzlich stark reduziert, wird auch der Körperfettanteil zunächst weniger und die Person nimmt ab.

Eine Diät impliziert allerdings immer auch, dass diese irgendwann ein Ende hat, also das Essverhalten verändert sich wieder. Wenn im Anschluss an die Diätphase wieder kalorienreichere Nahrungsmittel zu sich genommen werden, bedeutet das für den Körper, er muss jetzt erst recht Fettreserven anlegen, um auf die nächste „Hungerphase" vorbereitet zu sein. Das Körpergewicht geht also erst runter und dann wieder hoch – meist höher als am Anfang der Diät. Viele betroffene Personen leben über Jahre hinweg in einem Wechsel zwischen Diäten und übermäßiger Kalorienaufnahme und nehmen so immer mehr an Gewicht zu. Das kann zu Übergewicht bis hin zu Adipositas, also zur Fettleibigkeit, führen.

Als Orientierungshilfe zum Überprüfen, ob Ihr Körpergewicht im Normalbereich liegt, dient der sogenannte *Body-Mass-Index* (BMI). Dieser berechnet die Relation Ihres Körpergewichts zu Ihrer Körpergröße und Ihrem Alter sowie Ihrem Geschlecht. Das Ergebnis ist eine Maßzahl, die impliziert, ob Sie Unter-, Normal- oder Übergewicht haben. Im Internet gibt es viele verschiedene Seiten, welche einen kostenlosen BMI-Rechner anbieten. Da weder die Statur noch die individuelle

Zusammensetzung des Körpers aus Fett- und Muskelgewebe berücksichtigt wird, handelt es sich beim BMI lediglich um einen groben Richtwert. Hierbei ist außerdem zu beachten, dass es nicht um optische Schönheitsideale oder das perfekte Körpergewicht geht, sondern um die Gesundheit des Menschen.

Übergewicht ist nicht nur auf seelischer Ebene eine Belastung für die meisten Betroffenen, sondern kann auch auf körperlicher Ebene zu gesundheitlichen Problemen führen. Übergewicht und Fettleibigkeit können eine Vielzahl von Folgeerkrankungen hervorrufen, wobei nahezu alle Organe potenziell betroffen sein können. Darunter fallen Stoffwechselerkrankungen, beispielsweise Diabetes Typ 2 oder Gicht, Arthrose, also Gelenkverschleiß, oder eine direkte Erkrankung der Organe, zum Beispiel der Niere, der Leber oder der Gallenblase. Zudem kann es zu schwerwiegenden Erkrankungen des Herzkreislaufsystems kommen, was beispielsweise zu Vorhofflimmern, Hypertonie (Bluthochdruck) oder zu einem Schlaganfall führen kann.

Beim Mann führt extremes Übergewicht potenziell zu Unfruchtbarkeit. So erkranken im Durchschnitt acht von 100 normal gewichtigen Personen an Diabetes Typ 2, wobei es bei Menschen mit Übergewicht 22 von 100 sind und bei Betroffenen von Adipositas sogar 57. Übergewicht und Fettleibigkeit führen also längerfristig dazu, dass die Lebenserwartung sinkt. Neben den alltäglichen körperlichen Einschränkungen hinsichtlich der Bewegungsfreiheit leiden adipöse Menschen außerdem häufig unter Stigmatisierungen, Ausgrenzung und Anfeindungen. Dies führt wiederum dazu, dass das Selbstwertgefühl noch mehr sinkt und der Stress steigt. Damit erhöht sich das Risiko für weitere psychische Erkrankungen. In den meisten Fällen treten diese in Form von Angststörungen und Depressionen auf. Nahezu alle Menschen, deren Übergewicht durch emotionales Essen ausgelöst wird, leiden auch an der Binge-Eating-Störung. Die Betroffenen finden sich also wiederholt in der Abwärtsspirale wieder, den durch ihr Übergewicht ausgelösten Stress mit Essanfällen bekämpfen zu wollen.

Zwei Drittel der deutschen Männer und etwa die Hälfte der Frauen in Deutschland sind übergewichtig (Stand 2017). Übergewicht ist heutzutage ein weltweit verbreitetes Phänomen und heißt nicht immer automatisch, dass die psychische oder die körperliche Gesundheit gefährdet sind. Häufig steckt hinter einer starken Gewichtszunahme allerdings ein emotional bedingtes Essverhalten, also ein Thema auf der Gefühlsebene.

Menschen, die besonders starkes Übergewicht haben beziehungsweise adipöse Symptome aufweisen, wird geraten, regelmäßig mit ihrem betreuenden Arzt zu überprüfen, ob und, wenn ja, inwieweit die körperliche Gesundheit gefährdet ist. In einer Vielzahl von Fällen bedingen Esssucht und Fettleibigkeit sich jedoch gegenseitig, sodass auch starkes Übergewicht nur selten ohne eine Form von Psychotherapie geheilt werden kann. Somit ist ratsam, wie bereits im Kontext mit der Binge-Eating-Störung erwähnt, auch in diesem Fall professionelle psychologische Hilfe in Anspruch zu nehmen.

„Ich hatte gar kein Sättigungsgefühl mehr. Ich konnte essen, essen und essen. Mein Körper hat mir nicht mehr gesagt, wenn er satt war." Miriam ist 32 Jahre alt und litt lange Zeit an Übergewicht. Schon in der Pubertät fing sie an, stetig an Gewicht zuzunehmen. Wie die meisten Betroffenen hat auch sie versucht, mit verschiedenen Diäten gegenzusteuern, doch ist sie damit in den klassischen Teufelskreis aus Abnehmen und Zunehmen geraten. Auch Miriam beschreibt Essen als einen Trost, der sie in einzelnen Momenten glücklicher gemacht hat.

„Irgendwann habe ich aufgegeben und gedacht, ich bin wohl einfach ein übergewichtiger Mensch. Da ist nichts zu machen." Mit dieser Überzeugung hat sie einige Jahre lang gelebt, doch dann haben sich aufgrund des starken Übergewichts körperliche Symptome entwickelt. Miriam litt unter hohem Blutdruck und Schmerzen in den Gelenken. Sie beschloss, etwas zu ändern. Ihr erster Schritt war es, sich an eine Selbsthilfegruppe zu wenden, wo sie sich mit Menschen austauschen konnte, die sich in ähnlichen Situationen befanden.

Daraufhin beschloss sie, an einem sogenannten *multimodalen Konzept* mitzumachen. Diese Therapie kombiniert Bewegung und Sport mit einer Ernährungstherapie und psychologischer Begleitung. Ziel des Programms ist die Reduktion des Körpergewichts und eine Veränderung zu einem gesünderen Lebensstil. Das Programm hat Miriam beim Abnehmen und der Veränderung ihres Lebensstils geholfen, jedoch wusste sie, dass sie ihren Alltag nicht dauerhaft so diszipliniert gestalten könnte. Nach vielen Beratungsgesprächen entschied sie sich schließlich für eine Operation, um ihren Magen verkleinern zu lassen. Ein derartiger Eingriff birgt viele Risiken und sollte nicht leichtfertig durchgeführt werden, für Miriam war es aber die beste Entscheidung. Sie hat es geschafft, ihr Körpergewicht um 50 Kilo zu reduzieren und so auf ein gesundes Level zu bringen. Außerdem hat sie wieder neu gelernt, was Hunger zu haben und satt zu sein bedeutet. Miriam sagt, dass „der Kopf nicht mit operiert wird". Neben der körperlichen ist auch die psychische Nachsorge bei der Operation von großer Wichtigkeit, denn Essstörungen sind vordergründig eine Erkrankung der Psyche. Miriam betont, wie wichtig es ist, im Umgang mit Übergewicht und Abnehmen selbst aktiv zu werden und etwas verändern zu wollen.

Für sie war die Selbsthilfegruppe eine enorme Unterstützung auf diesem Weg und bis heute pflegt sie enge Freundschaften mit den Leuten von dort. Miriam hat es geschafft, ihren Lebensstil gesünder zu gestalten. Sie hat abgenommen, macht regelmäßig Sport und ist viel draußen. Auch ihr Selbstbewusstsein ist deutlich angestiegen und psychisch fühlt sie sich ausgelassener und stabiler denn je.

MAGERSUCHT

Essstörungen haben viele verschiedene Gesichter, sodass sich emotionales Essverhalten auch in die gegenteilige Richtung von Binge-Eating und Übergewicht bewegen kann. Wenn die betroffene Person ihre Nahrungszufuhr über einen längeren Zeitraum stark einschränkt, kommt es meist zu einer enormen Gewichtsreduktion. Die Diagnose lautet dann Anorexie, also Magersucht. Auch bei Betroffenen der Magersucht liegt hinter den zwanghaften Essgewohnheiten ein Gefühlsthema – die Hintergründe sind also ähnlich, wie die der oben aufgeführten Binge-Eating-Störung und Bulimie.

Betroffene der Magersucht schränken ihre Nahrungsaufnahme massiv ein, denn sie wollen das Hungergefühl stets aufrechterhalten. Ziel ist es, so wenig Nahrung wie möglich aufzunehmen. Einhergehend damit werden meist zwanghaft Kalorien gezählt und es wird exzessiv Sport getrieben, um den Kalorienverbrauch zusätzlich anzuregen. In diesem Prozess wird die Wahrnehmung des eigenen Körpers immer verzerrter. Es kommt zu enormem Untergewicht und in extremen Fällen zum Tod. Betroffene verspüren nach der Nahrungsaufnahme das gleiche Gefühl von Schuld und schlechtem Gewissen, wie beispielsweise Bulimiker nach einer Essattacke. Der Unterschied ist, dass Magersüchtige dieses Gefühl nach nahezu jedem Essen empfinden – auch bei kalorienarmen Nahrungsmitteln und kleinen Portionen. Auch Anorexie ist eine psychische Störung und die Begleitsymptome entsprechen denen anderer Essstörungen. Magersüchtige weisen also meist auch Symptome von Depression, Angst- und Schlafstörungen auf und isolieren sich von sozialen Kontakten.

Unter emotionalem Essen versteht man die Aufnahme von Nahrung aus emotionalen Gründen, sodass Magersucht in das Bild nicht direkt passt. Jedoch ist auch das bei der Anorexie typische emotionale „Nicht-Essen" eine Art emotionales Essverhalten. Zudem stehen bei allen Essstörungen als Folge von emotionalem Essen als Hauptsymptom der Kontrollverlust und der Zwang im Vordergrund. In manchen Fällen verwandelt sich die Esssucht mit der Zeit in eine Magersucht und umgekehrt. Kern der Sache ist hier ein zwanghaftes Essverhalten in die extreme Richtung, also viel oder wenig. Einige Betroffene durchleben über Jahre hinweg ein Hin und Her zwischen diesen verschiedenen Formen von Essstörungen und leiden so unter starken Gewichtsschwankungen und einem hohen Leidensdruck.

Emotionalem Essen entgegenwirken

–

Selbsthilfeprogramme für zu Hause

Sie stellen fest, dass Sie unter Stress häufig mehr Nahrung zu sich nehmen als sonst und möchten gegen Ihr emotionales Essen vorgehen? Hier erfahren Sie einige Methoden, die Sie zu Hause anwenden können, um Ihr Essverhalten zu verändern. Mark Twain sagte „Eine Gewohnheit kann man nicht einfach zum Fenster hinauswerfen; man muss sie Stufe für Stufe die Treppe hinunterlocken." Dieses Bild lässt sich auch auf emotionales Essen übertragen. Der Mensch ist ein Gewohnheitstier und einer Veränderung bedarf es Zeit, das ist ganz natürlich. Lassen Sie sich also nicht entmutigen, wenn die Veränderung Ihres Essverhaltens länger dauert, als Sie anfangs dachten. Die Hauptsache ist, ans Ziel zu kommen, die Geschwindigkeit spielt keine Rolle. Mit etwas Geduld und Disziplin werden Sie das sicher schaffen.

DIE P.A.U.S.E.-FORMEL

Um ein tief verankertes und automatisches Verhalten langfristig zu verändern, bedarf es einer klaren Struktur. Ein Vorgehen, bei welchem man sich an einzelnen Etappen entlang hangeln kann, erleichtert den Veränderungsprozess. Fitness-Coach Mark Maslow hat auf Basis dieser Erkenntnis die sogenannte P.A.U.S.E-Formel aufgestellt.

Diese setzt sich aus fünf Schritten zusammen:

1. Machen Sie sich Ihre Ernährungsgewohnheiten PRÄSENT.
2. ACHTEN Sie auf Trigger.

43

3. UNTERBRECHEN Sie negative Verhaltensmuster.

4. SUBSTITUIEREN Sie das emotionale Essen durch eine Alternative.

5. ETABLIEREN Sie neue Denkmuster.

Im Folgenden wird auf jeden einzelnen dieser Schritte eingegangen, damit Sie genau wissen, wie Sie am besten vorgehen.

1. Machen Sie sich Ihre Ernährungsgewohnheiten präsent. Eines der größten Hindernisse bei emotionalem Essverhalten ist, dass es auf unbewusster Ebene stattfindet. In der Regel essen Sie also einfach, ohne zu hinterfragen, was und warum Sie jetzt essen. In diesem Fall ist Frustessen ein unterbewusstes Verhaltensmuster.

Das bedeutet, Ihr Gehirn hat ein Programm eingerichtet, nach welchem Sie in der entsprechenden Situation automatisch handeln. Dieses Programm lautet dann beispielsweise *„Wenn Du gestresst bist, iss Schokolade"*. Um Dinge verändern zu können, müssen Sie diese also zunächst auf die Bewusstseinsebene holen. Es gibt verschiedene Möglichkeiten, wie Sie Ihr Essverhalten bewusster erleben können.

Zum einen ist es ratsam, sich beim Essen auch wirklich der Nahrungsaufnahme zu widmen. Das bedeutet, der Fernseher bleibt aus und es wird in Ruhe gegessen. Nehmen Sie sich die Zeit, die Sie brauchen, und vermeiden Sie das Essen unterwegs oder zwischen Tür und Angel. Das wird Ihnen dabei helfen, wieder mehr auf Ihren Körper zu hören und das Geschmackserlebnis zu intensivieren. Zudem besteht die Möglichkeit, ein Ernährungstagebuch zu führen, in dem Sie Protokoll über alle Lebensmittel führen, die Sie über den Tag verteilt zu sich nehmen. Schwarz auf weiß zu lesen, was Sie wirklich essen, hilft vielen Menschen dabei, sich ihr Essverhalten bewusster zu machen. Verschiedene Apps für Ihr Smartphone können diesen Vorgang erleichtern.

2. Achten Sie auf Ihre Trigger. Emotionales Essen mag Ihnen im ersten Moment vielleicht willkürlich erscheinen, jedoch gibt es immer einen Auslöser im Hintergrund. Trigger sind etwas völlig natürliches, wir alle haben sie und bei manchen Menschen wird bei gewissen Triggern vordergründig emotionales Essen ausgelöst. Solche emotionalen Auslöser gehören meist zu einer der folgenden vier Kategorien: Gefühle, Orte, Menschen und Ereignisse.

45

Stellen Sie sich an dieser Stelle selbst die Frage: Wo befindet sich Ihr „Knöpfchen" für emotionales Essverhalten? Die folgende Aufzählung beinhaltet die gängigsten Auslöser auf der Gefühlsebene für emotionales Essen. Gehen Sie die Liste durch und notieren Sie sich die für Sie relevanten Punkte. Gegebenenfalls können Sie noch weitere Faktoren ergänzen.

- Frustration
- Einsamkeit
- Wut
- Traurigkeit
- Überforderung
- Finanzielle Sorgen
- Müdigkeit
- Überlastung
- Sich selbst wertlos fühlen
- Sich selbst nicht geliebt/ akzeptiert fühlen.

Emotionales Essen beziehungsweise Essattacken können jedoch zusätzlich von bestimmten Situationen oder Orten getriggert werden. Schauen Sie sich die folgenden Beispiele an und hinterfragen Sie, ob einige auf Sie zutreffen.

- Buffets
- Essen an einem bestimmten Ort (Küche, Büro, bei einem Freund etc.)
- Ein bestimmter Wochentag/ Zeitpunkt im Monat
- Fernsehen
- Sie werden bekocht.
- Sie kochen für eine andere Person.
- Der Anblick/ Geruch von Essen
- Ein bestimmtes Lebensmittel.

Konnten Sie sich in einigen Triggern selbst wiedererkennen oder sind Ihnen noch weitere Trigger eingefallen? Markieren Sie nun auf Ihrer Liste diejenigen, die für Sie besonders schwer zu kontrollieren sind. Das sind Ihre „Baustellen", auf welche Sie ein besonderes Augenmerk haben sollten. Nun gibt es verschiedene Möglichkeiten, wie Sie Ihre Trigger vermeiden und umgehen können.

Der einfachste Trick ist, bestimmte Lebensmittel aus Ihrem Haushalt zu verbannen. Die meisten Menschen, die zu emotionalem Essen neigen, fühlen sich von Snacks wie Keksen, Schokolade und Chips getriggert. Hier gilt ganz einfach: Was nicht da ist, kann auch nicht gegessen werden. In manchen Fällen reicht es auch schon, die entsprechenden Lebensmittel außer

Sichtweite aufzubewahren. Auch soziale Kontakte können zum emotionalen Essen verleiten. Hier ist es ratsam, den engsten Kreis, also Freunde und Familie, einzuweihen. Erklären Sie ihnen Ihre Situation, damit sie Sie angemessen unterstützen können. Kommt eine soziale Interaktion auf Sie zu, die Potenzial zum Überessen beziehungsweise emotionalem Essen birgt, überlegen Sie sich am besten schon vorab eine Strategie. Notieren Sie Situationen mit anderen Menschen, in denen Sie regelmäßig die Kontrolle über Ihr Essverhalten verlieren. Überlegen Sie sich anschließend für jede dieser Situationen ein festes Skript, nach welchem Sie handeln.

Hier sind einige Fragen, die Ihnen dabei helfen können:
Wie kann ich die Situation aus einer anderen Perspektive betrachten?
Welchen Vorteil hat die Situation für mich?
Was kann ich aus der Situation lernen?
Welche neue Bedeutung kann ich der Situation verleihen?

3. Unterbrechen Sie Ihre negativen Verhaltensmuster. Mithilfe der Schritte 1 und 2 haben Sie gelernt, sich in Achtsamkeit zu üben und bei der Nahrungsaufnahme

aufmerksamer zu sein. Nutzen Sie dieses neu dazugewonnene Bewusstsein, um Ihre negativen Verhaltensmuster nicht nur zu erkennen, sondern rechtzeitig zu unterbrechen. Wenn Sie den Impuls wahrnehmen, welchem Sie normalerweise automatisch nachgeben, haben Sie schon viel geschafft. Das ist der Moment, in welchem Sie eine Entscheidung treffen. Treffen Sie die Entscheidung, es dieses Mal anders zu machen.

Nutzen Sie diesen Moment des Innehaltens und stellen Sie sich folgende Fragen:
Möchte ich gerade essen, weil ich Hunger habe?
Wenn es kein physisches Hungergefühl ist, warum denke ich jetzt an Essen?
Welche Konsequenzen hätte es, wenn ich meinem Impuls zu essen nachgebe?
Welchen Vorteil hätte es, wenn ich meinem Impuls zu essen entgegenwirke?

Mit diesen Fragen wird es Ihnen leichter fallen, den Fokus während Ihrer Entscheidung auf das Wesentliche zu richten. Machen Sie sich bewusst, dass Sie sich nach dem Essen nicht besser fühlen werden. Das negative Gefühl, welches Sie gerade empfinden, wird nach dem Essen nicht weg sein.

4. Substituieren Sie das emotionale Essen durch eine gesündere Alternative. Wenn Sie das Verlangen haben, zu essen, obwohl Sie keinen physischen Hunger haben, steckt eine Emotion dahinter. Fragen Sie sich selbst, worauf Sie wirklich „Hunger" haben und überlegen Sie, wie Sie diesen stillen können. Da menschliche Emotionen etwas sehr Individuelles sind, variieren auch die Möglichkeiten für alternative Befriedigungen. Vielen Betroffenen hilft es, mit einer vertrauten Person über ihr Problem zu sprechen. Wenden Sie sich also eine Person, mit der sie offen reden können, und gehen Sie in den Dialog. Das mag sehr simpel erscheinen, doch diese Methode kann Wunder bewirken und wird von vielen Menschen unterschätzt.

Weitere Möglichkeiten, um Stresssituationen und damit dem emotionalen Essen entgegenzuwirken, sind Meditation und Atemübungen. Diese helfen Ihnen dabei, den angestauten Stress stückweise abzubauen und wieder in Ihren Fokus zu kommen. Auch Sex oder Masturbieren können als ablenkende Befriedigung dienen, um emotionales Essen zu vermeiden. Für viele Menschen, die häufig sehr wütend und aufgebracht sind, ist Sport das Mittel zur Wahl. Eine Runde laufen zu gehen oder sich im Fitness-Studio auszupowern, ist wesentlich gesünder als das Verspeisen von kalorienreichen

Snacks und kann eine ähnliche Zufriedenheit hervorrufen. Wenn Ihnen keine Möglichkeit zur Ersatzbefriedigung passend erscheint, ist Ablenkung manchmal die bessere Strategie. Machen Sie beispielsweise einen Spaziergang oder gehen Sie einem anderen Hobby Ihrer Wahl nach, wie dem Malen, der Musik oder Ähnlichem.

5. Etablieren Sie neue Denkmuster. Das Überwinden dieser unsichtbaren Denkmuster, die ständig im Hintergrund ablaufen, stellt oftmals den Knackpunkt beim Überwinden von emotionalem Essverhalten dar. Sobald Sie diese verändert und mit neuen überschrieben haben, können Sie auch Ihr Essverhalten nachhaltig verändern. Haben Sie gewisse Affirmationen erst einmal verinnerlicht, handeln Sie automatisch so, wie es für Ihr Gemüt und Ihren Körper am besten ist.

Damit vermeiden Sie emotionales Essen, ohne das gezielte Einsetzen von Willenskraft. Im Folgenden sehen Sie vier verschiedene Affirmationen, welche Ihnen den Einstieg in den Prozess des Umdenkens ermöglichen. Denkmuster sind etwas sehr Persönliches und Sie können diese jederzeit Ihren Bedürfnissen entsprechend anpassen.

1. Essen ist ein Baustoff.

Lebensmittel dienen meinem Körper als Baustoff. Mit der Nahrungsaufnahme gebe ich meinem Körper die Werkstoffe, aus welchen sich meine Zellen zusammensetzen. Also bin ich, was ich esse.

2. Essen ist Treibstoff.

Die Energie, die mir zur Verfügung steht, ist abhängig von der Qualität des Treibstoffes. Diesen führe ich in Form von Lebensmitteln zu.

3. Essen ist Nährstoff.

Nährstoffreiche Lebensmittel halten meinen Körper bei guter Gesundheit.

4. Essen hält den Stoffwechsel aufrecht.

Bei regelmäßiger Zufuhr nährstoffreicher Lebensmittel wird mein Stoffwechsel am Laufen gehalten und ich lebe besser.

Diese Affirmationen zielen darauf ab, Ihnen bewusst zu machen, wozu das Essen wirklich da ist. In unserer Konsumgesellschaft, in welcher Nahrungsmittel im Überfluss zur Verfügung stehen, verlieren viele Menschen aus den Augen, dass Essen für den Körper in erster Linie Nährstoffzufuhr bedeutet. Mit diesem Bewusstsein fällt es leichter, sich von emotionalem Essen abzuwenden, denn im Grunde haben Essen und Emotionen kaum etwas miteinander zu tun. Nun ist es noch wichtig, diese Skripte nicht nur zu lesen, sondern auch in Ihrem Unterbewusstsein zu etablieren. Hier stehen Ihnen verschiedene Möglichkeiten zur Verfügung.

Es empfiehlt sich, die von Ihnen gewählte Affirmation aufzuschreiben und an einem Ort zu platzieren, wo Sie sie regelmäßig sehen und lesen können – beispielsweise am Badezimmerspiegel. Eine weitere erfolgreiche Methode ist das Visualisieren. Schließen Sie die Augen und stellen Sie sich vor, wie Sie in einer bestimmten Situation reagieren. Zudem ist es hilfreich, die Glaubenssätze regelmäßig laut auszusprechen. So nehmen Sie sie auf allen Bewusstseinsebenen wahr und Sie können sie besser verinnerlichen. Auch hier ist eine gewisse Struktur, eine Art Ritual, hilfreich. Zum Beispiel können Sie sich jeden Morgen nach dem Aufstehen und jeden Abend nach dem Einschlafen fünf Minuten Zeit nehmen und die Affirmationen sprechen. Sehen Sie es wie ein regelmäßiges Work-out, denn so, wie Sie Ihren Körper trainieren können, können Sie auch Ihren Geist trainieren.

Zu beachten ist hier, dass es völlig normal ist, hin und wieder über den Hunger zu essen oder mal zu vermeintlich ungesunden Snacks zu greifen.

Das Geheimnis liegt darin, auch dies in vollem Bewusstsein und ohne schlechtes Gewissen zu tun. Essen darf Spaß machen. Essen darf Genuss sein. Das Wichtige hierbei ist, eine gesunde Balance zu finden.

SPORT UND BEWEGUNG

Viele Menschen verknüpfen Sport automatisch mit dem Thema Abnehmen. Verschiedene Diäten, diszipliniertes Essverhalten, sich zum Sport zwingen zu müssen und dennoch kein langfristiger Erfolg beim Abnehmen – in dieser Situation finden sich viele Menschen wieder. Sport wird also als Mittel zum Zweck gesehen, als lästige Verpflichtung, oftmals begleitet von dem Gedanken „Es bringt ja eh nichts".

Ja, wer sein Körpergewicht reduzieren möchte, sollte unter anderem auf ausreichend Bewegung und sportliche Betätigung achten, doch regelmäßige Bewegungseinheiten können noch viel mehr bewirken. Verschiedene Studien haben gezeigt, dass Sport zu einem psychischen Wohlbefinden beiträgt. Wird der Körper bewegt, wird das Hirn besser durchblutet und es kommt unter anderem zur Ausschüttung von Serotonin, Dopamin und Endorphinen. Diese Hormone helfen dabei, Stress und Angst abzubauen. Somit wirkt sich Sport positiv auf die Stimmung aus, die geistige Leistungsfähigkeit wird verbessert und Schmerzwahrnehmung wird gehemmt. Sportliche Betätigung wird daher erfolgreich gegen psychische Krankheiten, beispielsweise gegen Depressionen, Angststörungen und Burn-out, eingesetzt.

Lara Mosch ist Angstpatientin und trainiert im Rahmen eines Programms der Psychiatrie der Berliner Charité dreimal wöchentlich. „Man hat eigentlich immer ein Dauer-Anspannungslevel, wenn man Angst hat. In dem Moment, wo man sich so anstrengt und die Anspannung danach abfällt, fühlt man sich gelöst – wie ein entspannter Muskel", so beschreibt die Betroffene die Wirkung des Trainings. In diesem Sinne kann Sport auch gegen emotionales Essen helfen. Da sich die physischen Effekte auch auf Ihre Psyche auswirken, wird durch regelmäßige Bewegung Ihre Stimmung gehoben. Somit sind Sie langfristig weniger gestresst und frustriert und verspüren seltener den Impuls, als Ersatzbefriedigung zum Essen zu greifen.

Machen Sie sich also bewusst, dass Sport Ihnen ganzheitlich guttut und nicht nur eine Gewichtsreduktion zum Ziel haben sollte. Auch hier können Sie mit Affirmationen arbeiten. Verändern Sie Ihr negatives Denkmuster in Bezug auf Sport und versuchen Sie, einer regelmäßigen Bewegungseinheit einen neuen Blickwinkel zu geben. Sport muss nichts Unangenehmes sein, Sport darf Spaß machen. Fragen Sie sich selbst, welche Aspekte Sie beim Sport stören, und überlegen Sie sich, wie Sie diese ändern können. Jeder Körper ist anders und nicht jede Sportart passt zu jeder Person. Sie müssen sich nicht dreimal die Woche zum Joggen zwingen, wenn Sie keinen Mehrwert darin sehen. Vielleicht haben Sie mehr Spaß an tänzerischen Bewegungen, sodass beispielsweise Zumba eine Option für Sie sein könnte. Oder Sie möchten beim Sport gern mehr in die Entspannung kommen und Körper und Geist in Einklang bringen – dann sollten Sie sich auf jeden Fall mal an einer Yoga-Stunde versuchen.

Sport muss nicht immer gezielt als Work-out geplant werden, Sie können ein gewisses Maß an körperlicher Bewegung in Ihren Alltag einbauen. Nehmen Sie beispielsweise öfter das Fahrrad anstelle des Autos oder des Zugs und laufen Sie Treppen, anstatt die Rolltreppe zu nehmen. Um sportlich zu sein, muss man nicht im Fitness-Studio angemeldet sein. Das Angebot an unterschiedlichen Sportarten ist enorm und es ist mit Sicherheit für jeden etwas dabei. Ja, Sport kann in Form von Work-outs oder auf dem Laufband ausgeübt werden, doch es gibt zahlreiche andere Sportarten, wie Klettern, Rollschuhfahren oder Tischtennis spielen, die alle einen gesunden Bewegungsausgleich für Körper und Geist darstellen. Worauf haben Sie Lust?

Ein weiterer Aspekt ist der soziale Kontakt. Treiben Sie regelmäßig Sport mit anderen Menschen zusammen, kann sich auch diese regelmäßige soziale Interaktion begleitend positiv auf Ihren Gemütszustand auswirken. Zudem ist es sowohl für den Körper als auch für den Geist wohltuend, wenn Sport an der frischen Luft und in der Natur ausgeübt wird. Überlegen Sie, was Ihnen Spaß macht, was Ihre Ziele sind und welche Sportart dementsprechend zu Ihnen passt. Vergleichen Sie sich nicht mit anderen, denn jeder Körper hat andere Bedürfnisse und für Sie ist nur wichtig, was Ihrem eigenen Körper guttut.

Wie verhalte ich mich als Angehöriger

Auch für Angehörige von Betroffenen des emotionalen Essverhaltens stellt die Situation eine Herausforderung dar. Vor allem, wenn das emotionale Essen sich zu einer Essstörung entwickelt, wissen Angehörige oft nicht, wie sie sich am besten verhalten sollen. Jeder Mensch und jeder Krankheitsverlauf sind anders, deshalb ist es kaum möglich, hier allgemeingültige Regeln anzugeben. Jedoch gibt es einige Hinweise, die den Umgang mit

Betroffenen erleichtern können. Zunächst ist es oft gar nicht so einfach, emotionales Essverhalten bei einer anderen Person zu erkennen.

Sie haben eine Person in Ihrem direkten Umkreis, die Ihrer Meinung nach ein auffälliges Essverhalten hat? Sie sind sich aber nicht sicher, ob Ihre Sorge berechtigt ist? Die nachfolgende Auflistung enthält Verhaltensweisen, die Anzeichen für emotionales Essen und im Extremfall für eine Essstörung sein können.

Gehen Sie diese durch und beobachten Sie, ob sich viele der Symptome mit dem Verhalten der entsprechenden Person decken.

- Alles dreht sich um das Essen, oftmals in Kombination mit dem Thema Abnehmen.
- Es werden regelmäßig Diäten durchgeführt.
- Die Nahrungsaufnahme wird kontrolliert, sodass beispielsweise immer zur gleichen Uhrzeit gegessen wird.
- Lebensmittel werden in die Kategorie „gut" und „böse" eingeteilt.
- Es werden regelmäßig Ausreden verwendet, um Mahlzeiten ausfallen zu lassen.
- Lebensmittel verschwinden aus dem Kühlschrank.

- Leere Verpackungen von Lebensmitteln liegen herum.
- Es wird sich sehr häufig gewogen, um das Gewicht zu kontrollieren.
- Nach dem Essen wird häufig auf die Toilette gegangen.

Hinweis: Brechgeräusche sind nicht immer eindeutig zu hören, da diese oftmals mit der Spülung oder dem Wasserhahn übertönt werden.

- Sichtbare Veränderungen des Gewichts (Abnahme, Zunahme, Gewichtsschwankungen) sind festzustellen.
- Depressive Züge zeichnen sich ab.

Viele der oben genannten Verhaltensweisen treffen zu und Sie haben den starken Verdacht, dass die entsprechende Person an emotionalem Essverhalten leidet? Diese Situation ist für Angehörige nicht leicht, egal, ob es sich um den Partner, das Kind, den Bruder oder die Schwester oder um einen guten Freund handelt. Daher ist es völlig verständlich, wenn Sie unsicher sind, ob und wie Sie das Gespräch suchen sollen.

Wie Sie letztendlich handeln, können nur Sie entscheiden, jedoch empfiehlt sich ein offenes Gespräch in den meisten Situationen. Wichtig ist, dass Sie sich vorab ausführlich über das Thema emotionales Essen informieren. Somit können Sie mit konkreten Informationen und Fragen an das Gespräch herangehen. Zudem haben Sie mit ausreichend Hintergrundwissen die beste Möglichkeit, konstruktive Vorschläge zu machen, die der Person helfen können. Suchen Sie beispielsweise Adressen von Beratungsstellen oder Ärzten heraus und bieten Sie an, als Begleitung mitzukommen. Sollten Sie sich für ein Gespräch entscheiden, suchen Sie einen ruhigen Moment aus und seien Sie behutsam. Sprechen Sie vordergründig über die eigene Wahrnehmung und senden Sie Ich-Botschaften.

Welche Veränderungen sind Ihnen an der Person aufgefallen? Aufgrund welcher Verhaltensweisen machen Sie sich Sorgen? Weshalb haben Sie den Eindruck, dass es der Person nicht gut geht? Stellen Sie dabei in den Vordergrund, dass Sie sich um den mentalen Zustand der Person sorgen und versuchen Sie, Gewicht und Ernährung nicht zu sehr zu thematisieren.

Geben Sie der Person die Möglichkeit, über etwas zu sprechen, das sie aktuell belastet. Eventuell führen Sie sie so an das Thema heran, welches das auffällige Essverhalten auslöst. Ganz wichtig ist hierbei auch, dass Sie keine Vorwürfe machen. Geben Sie der Person das Gefühl, dass Sie nicht allein ist und in Ihnen einen Vertrauten hat. Stellen Sie nicht zu viele intime Fragen, sondern bleiben Sie bei den Ich-Botschaften. Wenn die betroffene Person Redebedarf hat und ihre Gefühle mit Ihnen teilen möchte, wird sie das von sich aus tun. Zudem neigen Betroffene häufig dazu, sich auf ihr auffälliges Essverhalten oder ihr Gewicht reduziert zu fühlen, Daher ist es wichtig, auch über andere, alltägliche Dinge zu sprechen. Sie können den Betroffenen zu einer Beratung motivieren. Hilfe anzunehmen, fällt vielen Personen jedoch sehr schwer und kann von außen nicht erzwungen werden. Üben Sie hier also keinen Druck aus, sondern bieten Sie es schlichtweg als Option an und seien Sie geduldig.

Nehmen Sie es nicht persönlich, wenn die Person wütend oder verletzt reagiert und das emotionale Essverhalten bestreitet. Eine derartige Reaktion gehört in diesem Fall zu den Symptomen und hat nichts mit Ihnen zu tun. Die Selbsterkenntnis, dass man unter emotionalem Essen oder einer Essstörung leidet, ist oftmals ein Prozess und bedarf Zeit. Bleiben Sie also weiterhin geduldig und liebevoll.

Liegt eine akute Essstörung vor und Sie befürchten eine körperliche Gefährdung, sollten Sie als

Angehörige auf einen Arztbesuch bestehen. Der Betroffene wird vermutlich negativ darauf reagieren und eine physische Untersuchung nicht für nötig halten, da an Essstörung leidende Menschen meist das Gefühl für den eigenen Körper verloren haben. Sie sind also nicht mehr in der Lage, die Situation angemessen einzuschätzen.

Sie sollten sich zudem vorab bewusst machen, dass Sie niemanden dazu zwingen können, sich helfen zu lassen. Sie können lediglich einen Anstoß in die entsprechende Richtung geben und die Person motivieren, allerdings muss diese selbst bereit dazu sein, Hilfe von außen anzunehmen. Auch muss Ihnen klar sein, dass Sie keinen Therapeuten ersetzen können und auch gar nicht sollen. In akuten Fällen überlassen Sie die Behandlung einem Experten und seien Sie während des Prozesses als emotionale Stütze zur Stelle. Wenn Sie die Situation als zu belastend empfinden, haben auch Sie als Angehörige die Option, sich professionelle Unterstützung in Form einer Therapie zu holen.

Allgemein gilt, dass Bemerkungen in Bezug auf Figur, Gewicht und Essen vermieden werden sollten. Für die betroffene Person sind dies hochsensible Themen, die verschiedene Gefühle und Verhaltensmuster triggern können.

Halten Sie, je nachdem, in welcher Beziehung Sie zu dem Betroffenen stehen, in jedem Fall regelmäßigen Kontakt zu der Person. Menschen, die von emotionalem Essen betroffen sind, ziehen sich häufig zurück und reduzieren soziale Interaktionen. Zudem fällt es ihnen schwer, zuzugeben, dass Sie Hilfe brauchen. Durch regelmäßigen Kontakt zeigen Sie also, dass Sie für die Person da sind und können Sie eventuell zeitweilig ein wenig ablenken. Zeigen Sie ihr, dass es auch andere Dinge neben Themen wie Essen und Gewicht gibt.

Schlusswort

Emotionales Essen ist ein weitverbreitetes Phänomen und führt in vielen Fällen zu einem hohen Leidensdruck bei betroffenen Personen. Nehmen Sie auffälliges Essverhalten also nicht auf die leichte Schulter und gestehen Sie sich ein, wenn Ihnen das Problem über den Kopf wächst. Sie sind nicht allein damit und es gibt zahlreiche Möglichkeiten, Ihr Essverhalten zu verändern.

Sprechen Sie mit einer vertrauten Person und versuchen Sie, mehr Achtsamkeit in Ihren Alltag zu bringen. Warum essen Sie wann was? Machen Sie sich zudem bewusst, dass Nahrungsaufnahme in erster Linie Energiezufuhr für unseren Körper bedeutet. Warum essen Sie also wirklich, wenn Sie eigentlich keinen physischen Hunger verspüren? Erkennen Sie die Denkmuster, welche Sie zum emotionalen Essen verleiten und überschreiben Sie diese. Finden Sie eine Sportart, welche Ihnen nicht nur auf körperlicher Ebene guttut, sondern bei welcher Sie Spaß haben. Wenden Sie Tricks und Methoden wie die der P.A.U.S.E.-Formel an und finden Sie heraus, was Ihnen am besten hilft.

Hat sich das auffällige Essverhalten bei Ihnen bereits zu einer Essstörung entwickelt? Haben Sie die Kontrolle über Ihre Ernährung und Ihr Gewicht verloren? Dann holen Sie sich professionelle Hilfe. Wenden Sie sich an Beratungsstellen, Selbsthilfegruppen oder Ihren Hausarzt. So schwer dieser Schritt auch sein mag und so viel Überwindung er Sie kosten mag – Sie sind nicht allein in Ihrer Situation und Sie müssen nicht leiden. Für jeden Menschen gibt es Hilfe.

Werden Sie aktiv, denn nur bei Ihnen selbst liegt die Entscheidungsmacht, etwas zu verändern.

Herstellung und Verlag:

BoD – Books on Demand, Norderstedt

ISBN: 9783754310847

© Mario Waldecker 2021

1. Auflage

Kontakt: Psiana eCom UG/ Berumer Str. 44/ 26844 Jemgum

Covergestaltung: Fenna Larsson

Coverfoto: depositphotos.com